peace سَلامْ שָׁלוֹם

By Howard I. Bogot • Illustrated & Designed By Norman Gorbaty

CCAR Press, 355 Lexington Avenue, New York, NY 10017. Copyright ©1999 by the Central Conference of American Rabbis. All rights reserved. Printed in Korea. Typeset by El Ot, Tel Aviv, Israel. Illustrations copyright ©1999 by Norman Gorbaty.

2009 08 07 06 05 04 03 02 01 2000 1999 10 9 8 7 6 5 4 3 2 1

Library of Congress Cataloging in Publication Data: Bogot, Howard I. Shalom, salaam, peace / text by Howard Bogot; illustrated and designed by Norman Gorbaty. p cm. English, Arabic, and Hebrew. SUMMARY: An illustrated poem, presented in English, Hebrew, and Arabic, examining the meaning and benefits of peace. ISBN 0-88123-082-0 (hardcover) — ISBN 0-88123-082-9 (pbk.) [1. Peace-Juvenile poetry. 2. Children's poetry, Israeli (English). 3. Children's poetry, Israeli (English) – Translations into Hebrew. 4. Children's poetry, Israeli (English) – Translations into Arabic. {1. Peace-Poetry. 2. Israeli poetry (English). 3. Polyglot materials.} I. Gorbaty, Norman, ill. II. Title. PR9510.9B65 S55 1999.
                821-dc21   98-43112   CIP. AC.

The children whose hopes for peace conclude this volume participated in programs sponsored by Interns for Peace. CCAR extends its thanks to them and its director, Rabbi Bruce Cohen. Thanks also to Rabbis William Cutter, Adam Fisher and James Rosenberg for their editorial contributions.

The Central Conference of American Rabbis expresses its warm appreciation to the family of Harry A. Burke, loving husband, father and grandfather, for their generous support of this project.

שָׁלוֹם أَلسَّلامُ Peace

מֻקְדָּשׁ לְזִכְרָם שֶׁל עוֹשֵׂי הַשָּׁלוֹם הָאֲהוּבִים

הוד מַלְכוּתוֹ הַמֶּלֶךְ חוּסֵין

הַמַּמְלָכָה הַהַאשֶׁמִית הַיַּרְדֵּנִית

רֹאשׁ הַמֶּמְשָׁלָה יִצְחָק רַבִּין

מְדִינַת יִשְׂרָאֵל

לוּ יְהִי חֲלוֹמָם לִמְצִיאוּת מְבוֹרֶכֶת לְמַעַן יַלְדֵי כָּל הָעוֹלָם

تَخْلِيداً لِذِكْرَى صانِعَيِ ٱلسَّلامِ ٱلْعَزِيزَيْنِ،

جَلالَةُ ٱلْمَلِكِ ٱلْحُسَيْنِ ٱلْمُعَظَّمِ

مَلِكُ ٱلْمَمْلَكَةِ ٱلْأُرْدُنِيَّةِ ٱلْهَاشِمِيَّةِ

أَلسَّيِّدُ يِتْسحاق رابِين،

رَئِيسُ وُزَراءِ إِسْرائيل

لِتَتَحَقَّقْ أَحْلامُهُما ٱلْمُبارَكَةُ مِنْ أَجْلِ جَمِيعِ أَطْفالِ ٱلعالَمِ

Dedicated to
the memory of beloved peacemakers

His Majesty King Hussein
Hashamite Kingdom of Jordan
Prime Minister Yitzhak Rabin
The State of Israel

May their dreams
be a blessed reality for all the children
of the world

We know what peace means

نَحنُ نعرفُ السلامْ...
وكيف يُزْهِرُ السلامْ...

אֲנַחְנוּ יוֹדְעִים מַהוּ שָׁלוֹם,

כְּשֶׁעַל כְּבִישֵׁי הַקֶּשֶׁת בַּשָּׁמַיִם
נוֹסְעִים וְשָׁבִים אוֹטוֹבּוּסִים
מְלֵאִים בִּמְחִיאוֹת כַּפַּיִם,

فعندما تزدَانُ حافلاتْ...
بأَذرعٍ نبيلةٍ مُصفّقاتْ...
تروحُ نحوَ زاهي الأُفُقْ...
تغمرُها الالوانُ بالأَلَقْ...
سيُزْهرُ السلامْ... على مدى قَوْسِ قُزَحْ...

when buses filled with
clapping hands travel
to and fro on rainbow
highways in the sky

When love is everywhere,

وعندما تُزيّن المحبةُ المكانْ...
سيُزهرُ السلامْ...

כְּשֶׁבְּכָל מָקוֹם יֵשׁ אַהֲבָה,

and tears roll wet and salty
from joy-filled eyes
that once saw only sadness.

وعندما تنسكِبُ الدموعْ...
نَديّةً... مالحةً... تموجُ بالفَرَحْ...
من أعينٍ ظلّتْ على الأزمانْ...
أسيرةَ الأحزانْ... سيُزْهرُ السلامْ...

וּדְמָעוֹת רְטֻבּוֹת, מְלוּחוֹת,
מְצִיפוֹת בְּאֹשֶׁר עֵינַיִם
שֶׁפַּעַם יָדְעוּ רַק צַעַר.

a hug, a kiss, a handshake,

عناقُ والدٍ لطِفْلٍ... وقُبلةٌ حنونة...
يدٌ تُصافحُ الخِلّان...

נְשִׁיקָה, נְגִיעָה, חִבּוּק,

a smile, a gentle touch;

وَبَسْمةٌ كآهةِ الوَلْهان...
سيُزْهِرُ السلامْ...

חִיּוּךְ וּלְחִיצַת יָדַיִם;

when dreams become
workers working,
hungry tummies fed and

وعندما تحقق الأحلام...
بكدٍّ كلِّ عاملٍ شريف...
يُؤَمَّنُ الجياعَ بالطعامْ...

כְּשֶׁחֲלוֹמוֹת מִתְגַּשְּׁמִים לְמַמָּשׁ,
וּלְכָל עוֹבֵד יֵשׁ עֲבוֹדָה,
וְאֹכֶל לְכָל בֶּטֶן רְעֵבָה,

happy children feeling
sometimes scared,
surprised and angry,
but always safe;

وتغمرُ السعادةُ الأطفالْ...
فَيُدهَشونْ... ينفرونْ... يغضبونْ...
لا خَوْفَ... آمنونْ...
سيُزْهِرُ السلامِ...

וִילָדִים שְׂמֵחִים מְפַחֲדִים לִפְעָמִים,
אֲבָל תָּמִיד בְּטוּחִים מִכָּל רַע;

כְשֶׁנַרְקִיס, אַלוֹן וְדֶקֶל

وإن نما البَلّوطُ والصَبّار...

when daffodils, cactus, oak trees,

palms, wheat, and raspberries
grow in fertile soil;

والتوتُ والنخيلُ... في خصوبةِ الديارْ...
سيُزْهِرُ السلامْ...

צַבָּר, חִטָּה וּפֶטֶל
צוֹמְחִים בָּאֲדָמָה הַטּוֹבָה;

when there's always time
for reaching, resting,
healing, climbing, playing,

وإنْ وَجدْنا الوقت للّقاءْ...
وللّعبْ... في لحظةِ استرخاءْ...
وللصعودِ... وللنزولِ... والشفاءْ...

כְּשֶׁתָּמִיד יֵשׁ פְּנַאי בְּשֶׁפַע
לָנוּחַ, לְהַחְלִים, לְטַפֵּס וּלְהַגִּיעַ,

writing, painting, hammering,
rhyming, dancing;

לְשַׂחֵק, לִכְתֹּב, לִרְקֹד וּלְצַיֵּר,
לַחֲרֹז חֲרוזִים וְלִתְקֹעַ מַסְמֵר;

وللمِدادِ... وَالفُرْشاةِ... والانغامْ...
لرقصةٍ في عالم الأحْلامْ...
سيَزهرُ السلامْ...

peace

when fences with
unlocked gates encircle
bows, arrows, swords,
tanks, land-mines,
missiles and hand-guns

وعندما نُسيّجُ الدَمارْ... ونفتحُ الأبوابْ...
ونكسِرُ السهامَ والأقواسَ والسيوفْ...
ونُتلِفُ البارودَ... والصاروخْ...
ونوقِف المدرعاتِ... والألغامْ...

כְּשֶׁגְּדֵרוֹת בְּלִי מַנְעוּל מַקִּיפוֹת
קְשָׁתוֹת, חִצִּים, חֲרָבוֹת,
מוֹקְשִׁים וְטַנְקִים, טִילִים וְרוֹבִים

recycled into
playground toys;

ونصنعُ الألعابَ للأحبابْ...
سَيُزْهِرُ السلامُ...

שֶׁהָפְכוּ לְצַעֲצוּעִים
בְּמִגְרַשׁ מִשְׂחָקִים;

when all enjoy unlittered
landscapes with

وإنْ سعِدنا بنعمةِ الجمَالْ...
طبيعةٌ تسرحُ الخَيال...

כְּשֶׁכֻּלָּם נֶהֱנִים מִנּוֹף שֶׁאֵינוֹ מְלֻכְלָךְ,

fresh air, clean lakes and
sparkling streams;

وأنهُراً... جداوِلَ... تَختالْ...
رقراقةً... نظيفةً...
سَيزُهرُ السلامْ...

מִמַּיִם חַיִּים בָּאֲגַם וּבַנַּחַל,
וּמִן הָאֲוִיר הַצַּח;

when friends
are short,
tall, thin
or chubby,

وإنْ حظينا
بروعةِ الصَداقة...
صداقةٍ أساسُها
الوِفاقْ... بعيدةٍ عن
التمييزِ والنفاقْ...

כְּשֶׁכֻּלָּם חֲבֵרִים – רָזִים
וּשְׁמֵנִים, כֵּהִים וּבְהִירִים

light skinned or dark,
with straight or curly hair;

لا لونَ، لا عرقَ ، لا مَرامْ...
سيُزْهرُ السلامْ...

נְמוּכִים עִם גְּבוֹהִים,
מְתֻלְתָּלִים אוֹ חֲלָקִים;

when wishes come true
for those who want to
live in houseboats, tents,
apartments,

وإنْ تحقّقتْ للنفسِ أُمْنياتْ...
في العيشِ... في صَحْراءِ أو فوق المياه...

כְּשֶׁמִּתְגַּשֶּׁמֶת מִשְׁאַלְתָּם
שֶׁל כָּל אֵלֶּה שֶׁרוֹצִים
לָגוּר בְּסִירוֹת, אֹהָלִים אוֹ דִּירוֹת,

mud huts, palaces, tree houses,
homes of stone, brick or wood;

فِي الكوخِ... او فِي القصرِ...
فِي بيتٍ من الأشجارْ...
من أحْجارْ...
سيُزْهرُ السلامْ...

בִּבְקָתוֹת, אַרְמוֹנוֹת, וְסֻכּוֹת עַל עֵצִים,
בְּבַיִת שֶׁל אֶבֶן, עֵץ אוֹ לְבֵנִים;

when grandmas,
grandpas,

وعندما نرى الجدّات...
وَجدّنا الوَقورْ...

כְּשֶׁסַּבְתּוֹת
וְסָבִים,

infants,
toddlers learning how to walk,

وكل طفلٍ في بدايةِ الحياةْ...

תִּינוֹקוֹת, עוֹלָלִים,
פָּעוֹטוֹת שֶׁלּוֹמְדִים אֵיךְ לָלֶכֶת,

נָשִׁים וּגְבָרִים, יְלָדוֹת, יְלָדִים,
תַּלְמִידֵי תִּיכוֹן נוֹשְׂאֵי יַלְקוּטִים,

رجالنا، نساءنا، شبابنا الجَسورْ...
طلاّب جامعاتنا الأَملْ...

men, women, girls, boys,
college students carrying books

and folks with disabilities
like those in wheelchairs
treasure life and
are treasured too,

وَمَن قَسَتْ بحقِّهِ الظروفْ...
فأقعدَتْهُ فِي كُرسيِّه يَطوفْ...
يُقَدِرون نِعْمَةَ الحياةْ...
ويشعرونَ أنهمْ بُنَاة...

וְגַם אֲנָשִׁים מֻגְבָּלִים בְּגוּפָם
כְּמוֹ מִי שֶׁיּוֹשְׁבִים בְּכִסֵּא גַּלְגַּלִּים
מוֹקִירִים אֶת הַחַיִּים,
וְהַחַיִּים אוֹתָם —

אֲנַחְנוּ יוֹדְעִים

فعندها سنعرفُ السلامْ...

peace means.

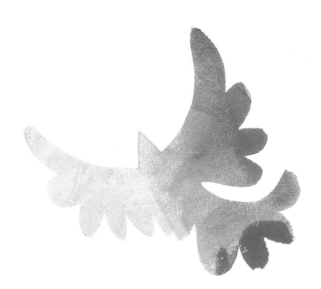

מַהוּ שָׁלוֹם.

وكيفَ يُزْهِرُ السلامْ...

we know what

Peace for me is...

הַשָּׁלוֹם בִּשְׁבִילִי

أَلسَّلامُ بِٱلنِّسْبَةِ لِي

"הַשָּׁלוֹם בִּשְׁבִילִי הוּא יְדִידוּת, שְׁנֵי יְלָדִים מְשַׂחֲקִים בְּיַחַד, נֶהֱנִים, מְגַלִּים סוֹדוֹת אִישׁ לְרֵעֵהוּ."

יוסי, בן 11

أَلسَّلامُ هَوَ عِنْدَمَا يَجْلِسُ شَعْبَانِ سَوِيَّةً، يَعِيشُونَ بِلا حُرُوبٍ وَبِدُونَ صِرَاعٍ. يَعِيشُونَ بِهُدُوءٍ بِدُونِ غَضَبٍ. وَهُوَ وَرَقَةُ شَجَرَةِ زَيْتُونٍ، أَمَلٌ. وَٱلسَّلامُ يُمْكِنُ أَنْ يَكُونَ مَحَبَّةً بَيْنَ صَدِيقَيْنِ. وَلِعَمَلِ ٱلسَّلامِ يَجِبُ إِعْطَاءُ ٱلسَّلامَ.

إِيتي، ١١ سَنَة مِنَ ٱلْعُمْرِ

"Friendship, brotherhood, peace between peoples, a beautiful day of sunshine and blossoming flowers."

Alexandria, 11 yrs. Old

"שָׁלוֹם בֵּין שְׁנֵי עַמִּים – כַּאֲשֶׁר הֵם מְכַבְּדִים הָאֶחָד אֶת הַשֵּׁנִי, עוֹזְרִים אִישׁ לְרֵעֵהוּ וּמִתְיַדְּדִים. שָׁלוֹם הוּא גַּם כֵּן: אֵין מִלְחָמָה, וְתִקְוָה שֶׁמִּכָּאן מַתְחִיל עוֹלָם אֶחָד קָטָן וּמֻשְׁלָם."

בת-אל, בת 11

أَلسَّلامُ بِٱلنِّسْبَةِ لِي هُوَ ٱلتَّحْرِيرُ مِنَ ٱلْحُرُوبِ. أَنْتَ تَسْتَطِيعُ أَنْ تَخْرُجَ دُونَ ٱلْخَوْفِ مِنْ قُنْبُلَةٍ تُصِيبُكَ. أَلسَّلامُ هَوَ أَنْ تَكُونَ إِنْسَانًا بِدُونِ خَوْفٍ

يِغآل، ١١ سنة مِنَ ٱلعُمْرِ

"Peace for me is a beautiful flower – on whose every petal a child has written the name of his country – Germany, Sweden, Russia, England & Israel – and every Spring people come to see the blossoming flower."

Debbie, 10 yrs. Old

"Peace for me is the entire world.
Peace for me is a free dove.
Peace for me is the blossoming
    of a flower.
Peace for me is an open eye.
Peace for me is brotherhood
    between nations.
Peace for me is friendship.
Peace for me is a kiss.
Peace for me is Life."

Aido, 12 yrs. Old

"שָׁלוֹם בִּשְׁבִילִי פֵּרוּשׁוֹ אַהֲבָה.
שָׁלוֹם בֵּין אֲנָשִׁים וּמְדִינוֹת וְסִיּוּם
הַמִּלְחָמוֹת וְהַהֶרֶס. זֶה לֹא מְשַׁנֶּה
אִם אֲנַחְנוּ עֲרָבִים וְאַתֶּם יְהוּדִים –
זֶה לֹא מוֹנֵעַ מֵאִתָּנוּ
לִחְיוֹת בִּידִידוּת וּבְשָׁלוֹם."

מחמוד, בן 10

"Peace is friendship and
a cooperation between
two people – and this
is a beautiful thing."

Abed, 10 yrs. Old

"הַשָּׁלוֹם הוּא אֹשֶׁר, בְּרִיאוּת,
הַתְחָלוֹת חֲדָשׁוֹת, נִסְיוֹנוֹת
חֲדָשִׁים, יְדִידוּת וְלֹא אַלִּימוּת."

אוֹר, בן 11

أَلسَّلَامُ عِنْدَمَا يَلْتَقِي شَعْبَانِ أَوْ مَجْمُوعَاتٌ قَوْمِيَّةٌ
سَوِيَّةً، وَيَعِيشُونَ مَعًا بِهُدوءٍ، مَحَبَّةٍ وَٱحْتِرَامٍ مُتَبَادَلٍ.
شِيرَان، ١١ سَنَة مِنَ ٱلْعُمْرِ

أَلسَّلَامُ كَلِمَةٌ صَغِيرَةٌ لَهَا مَعَانٍ
أُخْرَى - نَسْتَعْمِلُ هٰذِهِ ٱلْكَلِمَاتَ.
صَدَاقَةٌ، مَحَبَّةٌ، يَجِبُ أَنْ نَتَعَاوَنَ
كُلُّنَا، يَهُودًا وَعَرَبًا،
آمَال، ١١ سَنَة مِنَ ٱلْعُمْرِ